まちごとインド

West India 012 Mumbai

ムンバイ
疾走する「コスモポリタン都市」

मुंबई

JN140589

Asia City Guide Production

【白地図】西インド主要都市

INDIA
西インド

【白地図】ムンバイ

【白地図】ムンバイ中心部

INDIA
西インド

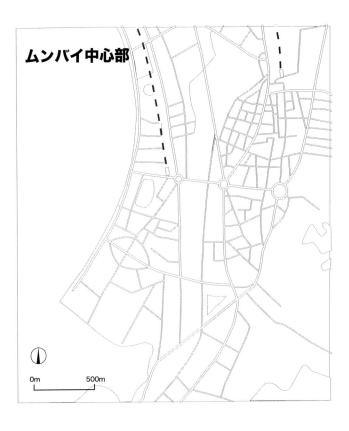

【白地図】インド門

INDIA
西インド

【白地図】フォート地区

INDIA
西インド

【白地図】インディアンボンベイ

INDIA
西インド

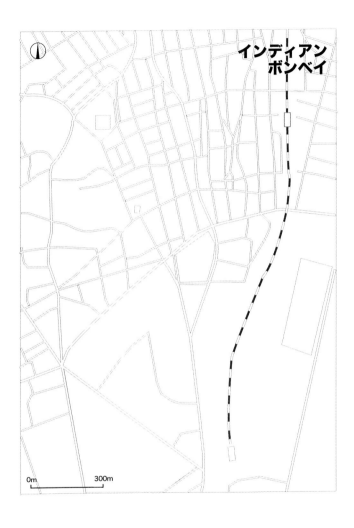

【白地図】マラバーヒル

INDIA
西インド

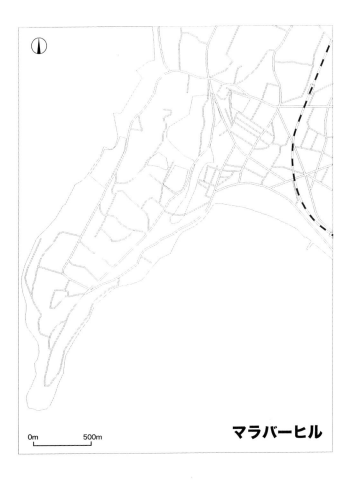

【白地図】ムンバイセントラル

INDIA
西インド

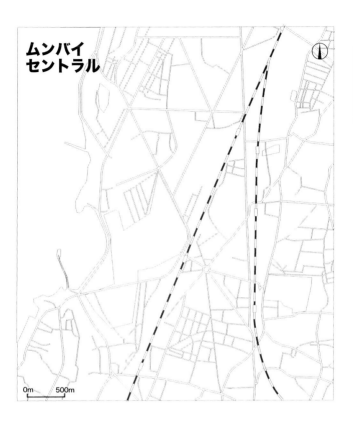

【白地図】グレータームンバイ

INDIA
西インド

グレーター ムンバイ

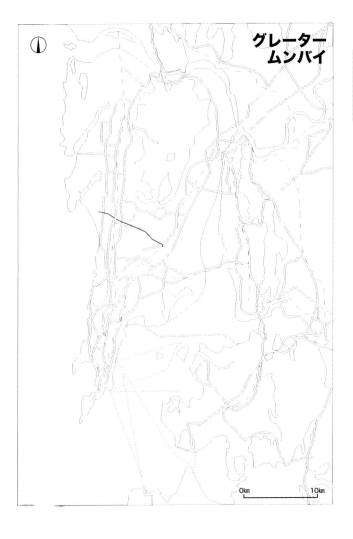

Mumbai 白地図

【白地図】バンドラ

INDIA
西インド

バンドラ

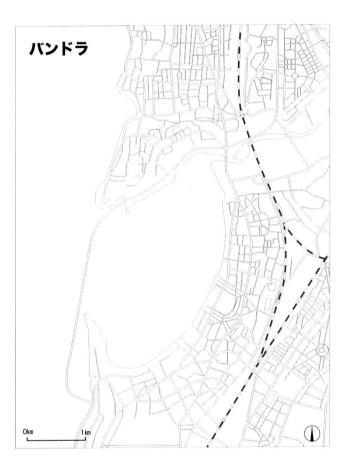

【白地図】ムンバイ空港

INDIA
西インド

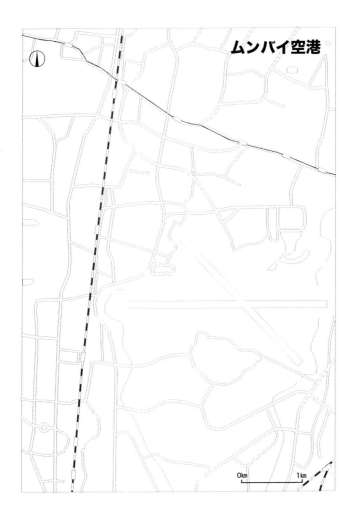

【白地図】ゴレガオン

INDIA
西インド

【白地図】フィルムシティ

INDIA
西インド

Mumbai | 白地図

**フィルム
シティ**

【白地図】エレファンタ島

INDIA
西インド

エレファンタ島

Mumbai 白地図

【白地図】エレファンタ島第 1 窟

INDIA
西インド

エレファンタ島
第1窟

0m 10m

【白地図】ナヴィムンバイ

INDIA
西インド

【まちごとインド】
西インド 011 はじめてのマハラシュトラ
西インド 012 ムンバイ
西インド 013 プネー
西インド 014 アウランガバード
西インド 015 エローラ
西インド 016 アジャンタ
西インド 021 はじめてのグジャラート
西インド 022 アーメダバード
西インド 023 ヴァドダラー（チャンパネール）
西インド 024 ブジ（カッチ地方）

INDIA
西インド

インドを代表する財閥や企業が集中し、この国随一の商業経済都市として知られるムンバイ。デリー、チェンナイ、コルカタとならぶインド四大都市のひとつで、アラビア海にのぞみヨーロッパへつながる地理から、「インドの門」とたとえられてきた。

もともと小さな漁村がたたずむに過ぎなかったが、16世紀にポルトガルの城塞が築かれたことで今日につながるムンバイの歴史がはじまった（「良港」を意味するボンベイアと名づけられた）。やがて17世紀になるとポルトガルからイギリス

मुंबई Mumbai
ムンバイ

へと移譲され、東インド会社の商館が構えられると多くの人口が流入し、巨大港湾都市と発展をとげた。

ムンバイの中心にはイギリス統治時代の建物がいくつも残り、チャトラパティ・シヴァージー・ターミナス駅は世界遺産にも指定されている。またさまざまな宗教や民族が暮らすコスモポリタンとしても知られ、ヒンドゥー教徒、イスラム教徒、ユダヤ教徒、ゾロアスター教徒などが宗派を越えてこの街で共存している。

【まちごとインド】

西インド 012 ムンバイ

目次

ムンバイ	xxxiv
洋の東西をつなぐ商業都市	xl
インド門城市案内	l
フォート地区城市案内	lxiv
綿花と鉄道の産業革命	lxxxi
旧市街城市案内	lxxxvi
マラバーヒル城市案内	xciv
セントラル城市案内	cv
飛躍する万華鏡都市	cxiv
郊外城市案内	cxix
ナヴィムンバイ城市案内	cxxxvi
城市のうつりかわり	cl

【MEMO】

【地図】西インド主要都市

INDIA
西インド

洋の東西をつなぐ商業都市

INDIA
西インド

西インド最大の都市ムンバイ
洋の東西を結ぶ地理に位置し
インドを牽引する商業、金融都市の姿

西インド湾岸部という土地

西インドの海岸地帯では紀元前後からアラビア海を越えて、インドとローマのあいだで季節風を使った交易が行なわれてきた（その街道沿いにアジャンタなどの石窟が刻まれた）。10世紀になるとゾロアスター教徒がペルシャからインド西海岸に逃れ、のちにムンバイの発展にも寄与している。また16世紀にはヴァスコ・ダ・ガマがインド航路を使ってインド西海岸に到着し、ゴアにポルトガルの拠点が構えられた（ゴアの北方に位置するムンバイはゴアの補助港だった）。ヨーロッパ人が訪れる以前、ムンバイ北のターナーに交易拠点が

Mumbai 洋の東西をつなぐ商業都市

あったが、やがてイギリス東インド会社のもとムンバイが台頭するようになった。とくに1869年にスエズ運河が開通すると、ムンバイの地位は決定的になり、ヨーロッパとインド、東南アジアを結ぶ地の利から商業都市としての繁栄を続けている。

ボンベイとムンバイ

ヨーロッパ人が来航する以前、この地には南北にならぶ7つの島嶼と漁村がたたずむだけで、漁帥を生業とするコーリ族の女神ムンバデヴィにちなんでムンバイと呼ばれていた。

INDIA
西インド

1534年、この地方を統治するスルタンから譲り受けたポルトガルのアルメイダは、この港を「美しい湾（ボンバイア）」とたたえた。以後、長らくボンベイの名前が定着していたが、1981年になって地元のマラーティー語であるムンバイへと改称された。1990年代にはムンバイと同様にイギリスの植民都市として発展したカルカッタ、マドラスといった街もそれぞれ元の名前であるコルカタ、チェンナイといった現地音に戻されている。

▲左 インディアン・ボンベイのジャヴェリー・バザール。　▲右　ムンバイ中心部、2階建てバスが走る

植民都市として発展

1661年、ムンバイはポルトガルからイギリスに譲渡され、1792年にはイギリス東インド会社の商館が構えられた（それまでのイギリスの商館はスーラトにあった）。とくに19世紀になってイギリスが西部デカンのマラータ王国を征服すると、広大な領土がボンベイ管区に編入された。19世紀の主要製品である綿花の積み出し港としてムンバイは発展を続け、イギリス統治のもと仕事や機会を求めて各地からインド人が移住するようになった。インド四大都市のなかで、中世以来の歴史をもつデリーをのぞいて、ムンバイ、チェンナイ、

INDIA
西インド

コルカタはイギリス植民地時代に発展した港湾都市という性格が共通している。

ムンバイの構成

かつてムンバイはアラビア海に浮かぶ7つの島だったが、19世紀なかごろから埋め立てが進み、現在は本土とつながって半島を構成している。半島先端部に位置するフォート地区からムンバイの発展ははじまり、イギリス統治時代以来の重厚な建築が今も残る。フォート地区がイギリス人によるムンバイだったのに対して、その北側（CST駅の北側）にはムン

▲左　アラビア海へ続く地の利がムンバイを発展させた。　▲右　世界遺産にも登録されているCST駅

バイに流入してきたインド人が集住したインディアン・ボンベイがつくられ、20世紀初頭の4〜5階建ての住宅が残っている。20世紀後半、土地が手狭になったとこから、街は北郊外へ広がり、ムンバイ・セントラル、バンドラといった地区に大型ショッピング・モールや高級マンションが見られるようになった。またムンバイから東対岸のナヴィ・ムンバイ（新ムンバイ）の整備が進むなど、グレーター・ムンバイは拡大を続けている。

【地図】ムンバイ

【地図】ムンバイの [★★★]
- [ ] チャトラパティ・シヴァジー・ターミナス駅（CST駅）Chhatrapati Shivaji Terminus
- [ ] インド門 Gateway of India

【地図】ムンバイの [★★☆]
- [ ] フォート地区 Fort Area
- [ ] ムンバデーヴィー寺院 Mumba Devi Temple
- [ ] マリン・ドライブ Marin Drive
- [ ] マラバー・ヒル Malabar Hill
- [ ] ハッジ・アリー廟 Haji Ali Dargah
- [ ] ドービー・ガート Dhobi Ghat
- [ ] マニ・バワン Mani Bhavan

【地図】ムンバイの [★☆☆]
- [ ] ムンバイ港 Mumbai Port
- [ ] カフ・パレード地区（コラバ）Colaba

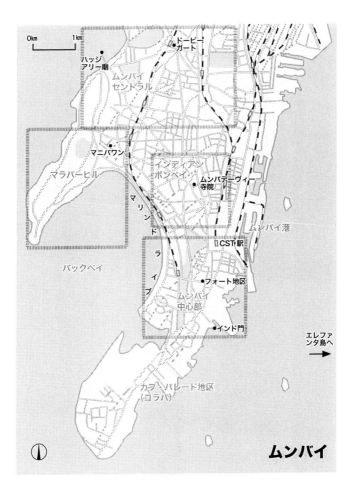

ムンバイ

洋の東西をつなぐ商業都市

【地図】ムンバイ中心部

【地図】ムンバイ中心部の [★★★]
- [ ] インド門 Gateway of India

【地図】ムンバイ中心部の [★★☆]
- [ ] フォート地区 Fort Area
- [ ] タージマハル・ホテル Taj Mahal Hotel
- [ ] ムンバイ大学図書館 University of Mumbai Library
- [ ] チャトラパティ・シヴァジー・マハラジ・ヴァツ・サングラハラヤ（プリンスオブウェールズ博物館）Prince of Wales Museum
- [ ] マリン・ドライブ Marin Drive
- [ ] 行政庁舎 Municipal Building

【地図】ムンバイ中心部の [★☆☆]
- [ ] マイダン公園 Maidan
- [ ] フローラの噴水 Flora Fountain
- [ ] ハイコート（高等裁判所）High Court

Guide,
Gateway of India
インド門
城市案内

INDIA
西インド

半島の南端部を中心に
広大な地域におよぶグレーター・ムンバイ
日々、変貌を続ける巨大港湾都市

インド門 Gateway of India ［★★★］

フォート地区の波止場に海に面して立つインド門。建物は玄武岩がもちいられた中世グジャラート様式で、その高さは26mになる。1911年のイギリスのジョージ5世とメアリ王妃の来印を記念して、ふたりが上陸した船着場に建てられた。歴代インド総督（イギリス国王の副王）が航路でイギリスから赴任するとき、ここからインドに上陸するなど「インドの門」として象徴的な意味あいをもち、1947年にインドから去るとき、イギリスはここで最後の閲兵式を行なっている。このムンバイのインド門に対して、デリーにあるインド門は、

全インド戦争記念碑で第一次世界大戦のときの戦没者がまつられている。

スエズ運河の開通

イギリスの植民都市として発展してきたムンバイは、1869年のスエズ運河の開通でその地位を確固たるものにした。それまでヨーロッパから海路でインドにいたるにはアフリカ南端の喜望峰（ヴァスコ・ダ・ガマが通った道）を通らなくてはならなかったが、スエズ運河の開通で地中海とインドの距離は一気に縮まった。アラビア海を往来しての貿易は活発化

INDIA
西インド

▲左　インド門はイギリスとインドを結ぶ象徴的意味をもっていた。　▲右　マハラシュトラの英雄シヴァジー

し、ムンバイは「インドの門」として名をはせるようになった。

シヴァジー像 Statue of Shivaji ［★☆☆］

インド門が立つ広場には民族解放の英雄と見られているマラータ人シヴァジーの像が立っている。17世紀、インドの大部分がイスラム勢力の支配下にあったが、シヴァジーは「マハラシュトラ・ダルマ（マラータ人としてあるべき道）」をかかげてムガル帝国に立ち向かい、ヒンドゥー教徒によるマラータ王国を樹立した。ムンバイやマハラシュトラ州にはシヴァジーの名前がついた駅や通りの名前が数多くあり、この

【MEMO】

【地図】インド門

【地図】インド門の [★★★]
- [ ] インド門 Gateway of India

【地図】インド門の [★★☆]
- [ ] タージマハル・ホテル Taj Mahal Hotel
- [ ] チャトラパティ・シヴァジー・マハラジ・ヴァツ・サングラハラヤ（プリンスオブウェールズ博物館）Prince of Wales Museum
- [ ] フォート地区 Fort Area

【地図】インド門の [★☆☆]
- [ ] シヴァジー像 Statue of Shivaji
- [ ] 国立現代美術館 National Gallery of Modern Art
- [ ] ケネセス・アリヤフ・シナゴーグ Keneseth Eliyahoo Synagogue
- [ ] マイダン公園 Maidan

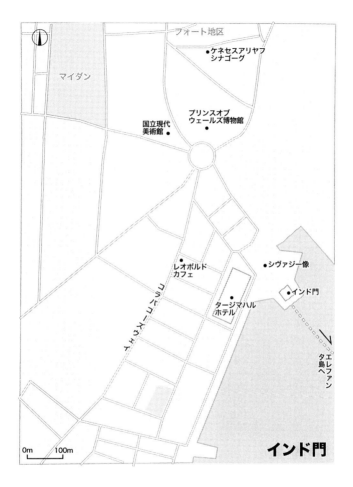

INDIA
西インド

地方の英雄として尊敬を集めている。

タージマハル・ホテル Taj Mahal Hotel [★★☆]

インド門近くの波止場近くに立つタージマハル・ホテル。1903年に建てられたインド最高の格式をもち、中央にドーム、その四隅に小さなドームを載せるインド・サラセン様式の堂々としたたたずまいを見せている。このホテルが建てられた当時、ムンバイには最高級のワトソン・ホテルがあったがインド人は宿泊することができなかった。こうした状況に怒りをおぼえたジャムシェドシー・タタ（ゾロアスター教徒

▲左　博物館チャトラパティ・シヴァジー・マハラジ・ヴァツ・サングラハラヤ。
　▲右　インド最高級ホテルのタージマハル・ホテル

で、タタ財閥の創始者）がインド人が宿泊できる最高級のホテルを建てたことがタージマハル・ホテルのはじまりで、インド民族主義の象徴とされている。シンガポールのラッフルズ・ホテル、香港のザ・ペニンシュラなどとならび称される名門ホテルとして知られる。

チャトラパティ・シヴァジー・マハラジ・ヴァツ・サングラハラヤ
Prince of Wales Museum ［★★☆］

フォート地区南の庭園に立つチャトラパティ・シヴァジー・マハラジ・ヴァツ・サングラハラヤ（プリンス・オブ・ウェー

INDIA
西インド

ルズ博物館)。西インド最大の博物館で、エレファンタ島石窟から出土品、ガンダーラ彫刻などのほかムガル、ラージプート時代の細密画も見られる。博物館はイギリスとインドの様式をあわせたインド・サラセン様式で建てられていて、細部にはグジャラートやデカン高原で見られる様式もある。ジョージ5世の皇太子（プリンス・オブ・ウェールズ）時代の1905年に工事がはじまり、1937年に完成した（1911年ジョージ5世はムンバイに着て、インド門が築かれている）。

▲左 レオポルド・カフェにて、店内はいつもこみあっている。　▲右 インド門近くからエレファンタ島への船が出る

国立現代美術館 National Gallery of Modern Art ［★☆☆］

ムンバイ国立現代美術館は、20世紀末、長いあいだジャハーンギール公会堂として親しまれた半円形のコロニアル建築を改装して開館した。1850年代以来のインドの絵画や彫刻を収蔵するほか、美術史の研究やセミナーなども行なっている。

ムンバイ港 Mumbai Port ［★☆☆］

ムンバイ港はインドを代表する港湾のひとつで、イギリス東インド会社時代の1668年に建設された。ムンバイはチェンナイ、コルカタとともに港湾都市として成長をとげ、とく

INDIA
西インド

に1869年にスエズ運河が開通してヨーロッパとの距離が縮まると、インドの門としての地位を確固たるものとした。20世紀後半になってコンテナ量が増えると、対岸のナヴィ・ムンバイ側にJNPTが整備され、現在のムンバイの主要港はそちらに移っている。

ボンベイ航路

「海を制する者が世界を制する」と言われた19世紀、イギリス系の汽船会社がインドと日本のあいだを往来する綿花や工業製品の運搬をにぎっていた。明治時代に入って急速な工業

インド門城市案内 Mumbai

化を進める日本の渋沢栄一に対して、タタ財閥は共同で「ボンベイ（ムンバイ）〜神戸航路」を運営し、イギリス系汽船会社の利権に対抗しようともちかけた。1893年、日本の国策会社であった日本郵船とタタ財閥が共同で「ボンベイ〜神戸航路（日本にとって最初の国際定期遠洋航路）」の運航を開始した。ムンバイからは綿が運ばれ、神戸からは中国、東南アジアに向けて日本製のマッチやせっけんなどの雑貨が運ばれた。

カフ・パレード地区（コラバ）Colaba ［★☆☆］

カフ・パレード地区（コラバ）は、フォート地区のさらに南側、ムンバイ最南端に位置する。ムンバイの発展とともにこの地区の埋め立てが進み、そこに高層ビルが建てられた。富裕層が暮らす高級住宅街と、ムンバイの原住民である漁民コーリーが生活を営むエリアが併存する（ムンバイという名前はコーリーたちの土俗神ムンバデーヴィー女神にちなむ）。

Guide, Fort Area
フォート地区 城市案内

INDIA
西インド

かつてイギリスの城塞（フォート）がおかれた
半島南端のフォート地区
現在ではムンバイの金融の中心地となっている

フォート地区 Fort Area ［★★☆］

フォート地区は17世紀以来、イギリス東インド会社のジョージ要塞がおかれていた場所で、ムンバイはここから北へ発展を続けた（ポルトガルやフランスなどの攻撃から守るために砦を築いたのがはじまり）。かつては大砲がおかれていたが19世紀後半になって城塞はとり壊され、現在では大きな円形広場を中心に財閥、銀行、金融機関や証券取引所がならぶインド経済の中心地となっている。また北端にはヴィクトリア駅、中央郵便局、西側には高等裁判所、大学といったイギリス統治時代の建物がならび、フォート地区は「歴史的ボン

ベイ」と呼ばれている。

インド屈指の経済都市

21世紀に入って急速に経済成長を続けるインドにあって、ムンバイはその象徴とも言える。首都デリーが政治、外交の中心であるのに対して、ムンバイは金融、商業が盛んな経済都市という性格をもつ。とくにムンバイを拠点に発展したパルシー（ゾロアスター教徒）のタタ財閥、ガンジーを経済的に支援したことで知られるビルラ財閥（マールワリー商人を出自とする）が本拠を構えている。後背地にはマハラシュト

西インド

ラ州の豊富な人口や広大な土地を抱え、インド経済を牽引する巨大都市となっている。

フローラの噴水 Flora Fountain [★☆☆]
フォート地区の起点になるフタトマ・チョウクにあるフローラの噴水。大理石のモニュメントが立ち、あたりは殖民地時代に建てられた建築が美しい景観をつくっている。

ボンベイ・ハウスとタタ財閥
フォート地区に位置するボンベイ・ハウスはインド最大のタ

【MEMO】

【地図】フォート地区

【地図】フォート地区の [★★★]
- [ ] チャトラパティ・シヴァジー・ターミナス駅（CST駅）Chhatrapati Shivaji Terminus

【地図】フォート地区の [★★☆]
- [ ] フォート地区 Fort Area
- [ ] 行政庁舎 Municipal Building
- [ ] ムンバイ大学図書館 University of Mumbai Library

【地図】フォート地区の [★☆☆]
- [ ] フローラの噴水 Flora Fountain
- [ ] ボンベイ証券取引所 Bombay Stock Exchange
- [ ] ホーニマン・サークル Horniman Circle
- [ ] ケネセス・アリヤフ・シナゴーグ Keneseth Eliyahoo Synagogue
- [ ] ハイコート（高等裁判所）High Court
- [ ] マイダン公園 Maidan

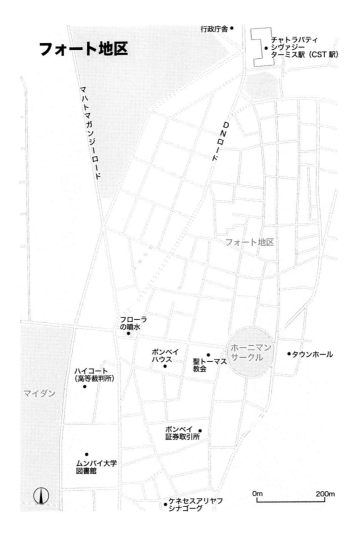

INDIA
西インド

タ財閥の本拠地。創始者ジャムシェドシー・タタは、東インド会社の仲買人とした外国貿易に従事して力をつけ、19世紀、イギリス植民時代のムンバイでインドの産業育成、発展に尽力した（ジャムシェドシー・タタはゾロアスター教の神官の家系を出自とし、のちにインド独立を牽引する1885年の第1階大会以来の国民会議派のメンバーでもあった）。また1893年にはムンバイと神戸の航路を開設するなど、先見性の高い事業を展開し、現在、タタ財閥は鉄鋼、電力、自動車、ソフトウェアなど各方面で存在感を見せる。

▲左　植民地時代の建築が今も使われている。　▲右　ムフタトマ・チョウク、周囲は植民建築がならぶ

ボンベイ証券取引所 Bombay Stock Exchange ［★☆☆］

ムンバイの金融街ダラル・ストリートに立つボンベイ証券取引所。1875年に設立されたアジアでもっとも伝統のある証券取引所で、時価総額、上場企業数などでインド屈指の規模をもつ。ムンバイにいち早く証券取引所が開設されたのは、1860年代のアメリカ南北戦争の影響からデカン高原の綿花への需要が増え、その玄関口にあたるムンバイへの投機熱が高まったことによる（綿製品の工業化を通じて、産業革命がはじまった。ムンバイに続いて証券取引所が開設されたのは同じく綿花原産地に近いアーメダバードだった）。またタタ

INDIA
西インド

財閥は、インドで民族運動が高まるなか、インド初の鉄鋼会社をムンバイで登録し、その際、3週間で8000人の申込者が集まったという。ほとんどが鉄をもってインドの未来を切り開こうと考えるインド人の小口投資家だったと伝えられる。

ムンバイの弁当配達人

ムンバイでは、市街部で働くインド人のために、郊外の家庭から大量の弁当を運ぶダバワラという人々が見られる。ダバワラは3段や4段重ねのステンレス製弁当箱を各家庭や駅前

で集め、列車に乗って市街地へ運ぶ。もともと1890年代のイギリス統治下で、牛やブタといった食事のタブーのあるインド人がイギリス料理を出す食堂ではなく、家庭の料理を好んだことからはじまったとされる。数十から数百の弁当箱には「○」や「×」といった簡素な記号がつけられただけだけだが、ほとんど誤配もなく時間通りにきちんと配達されるという。

ホーニマン・サークル Hornlman Circle ［★☆☆］

フォート地区の中心部に位置する円形のホーニマン・サーク

ル。周囲は19世紀に整備された円形の街区に沿ってコロニアル建築がならび、聖トーマス教会、タウン・ホールも位置する。

ケネセス・アリヤフ・シナゴーグ
Keneseth Eliyahoo Synagogue [★☆☆]
フォート地区に残るユダヤ礼拝堂ケネセス・アリヤフ・シナゴーグ。ムンバイにはインド中から多くの人が流入し、ユダヤ商人もムンバイ形成の一翼をになった。このシナゴーグは1884年に建設されたのをはじまりとし、美しい青色の外観

▲左　イギリスがもたらした建築、法、教育。　▲右　さまざまな職業、さまざまな人々が暮らす

をもつ。19世紀、タタ財閥とともにムンバイに君臨したのがユダヤ系のサッスーン財閥で、のちに上海へ本拠を移した(「上海の王」にもたとえられ、外灘に残る和平飯店北楼に拠点をおいた)。

ムンバイ大学図書館 University of Mumbai Library[★★☆]

イギリス植民地時代の1878年に建てられたムンバイ大学図書館。マイダンに面してそびえる時計塔ラジャーバーイは高さ80mになる。英領インドでは高等教育が重視され、コルカタやチェンナイにも大学がつくられた。当時、総長はイン

INDIA
西インド

ド総督が兼ね、西欧式の教育を受けたインド人が弁護士や学者となり、英語もインド人のあいだに浸透した。こうしたインド人知的エリートによって、1885年、ムンバイでインド国民会議派が結成され、やがてその流れはガンジー、ネルーへと受け継がれていった。

ハイコート（高等裁判所）High Court [★☆☆]

ムンバイ大学の隣、マイダンに面して立つハイコート。イギリス統治時代の1879年に建てられ、ムンバイの司法の場となってきた。インドではイギリスから議会制民主主義や司法

の制度がもちこまれたため、アジア諸国のなかでも早くから民主主義が根づくことになった。

マイダン公園 Maidan ［★☆☆］
フォート地区西に南北に広がるマイダン公園。ここはイギリスの閲兵所として整備され、クリケットの試合が行なわれるなど人々の憩いの場となっている（インド人によるクリケットがはじめて行なわれたのもムンバイだった）。

INDIA
西インド

チャトラパティ・シヴァジー・ターミナス駅（CST駅）
Chhatrapati Shivaji Terminus ［★★★］

イギリスの植民都市として発展してきたムンバイを象徴するチャトラパティ・シヴァジー・ターミナス駅舎（ヴィクトリア・ターミナス駅）。ムンバイに建設されたイギリス・ヴィクトリア様式の建築のなかでも傑作にあげられる（19世紀に世界中に植民地を築いた大英帝国の全盛時代に君臨したヴィクトリア女王時代の建物）。イギリス人建築家スティーブンスがロンドンの駅舎をもとに設計し、1878年から10年の月日をかけて建設された。19世紀中ごろからデカン高原の綿花などを運び出すた

▲左　マイダンでクリケットをする人々。　▲右　現役で使われている鉄道駅の CST 駅

めに鉄道の敷設が進み、プネーやヴァドダラー、続いてデリー、バラナシ、ハイダラーバードといった大都市と接続するようになった。長らくヴィクトリア・ターミナス（VT）駅の名前で知られていたが、1996年にチャトラパティ・シヴァージー・ターミナス（CST）駅と変更された。世界遺産に指定されている。

行政庁舎 Municipal Building ［★★☆］

フォート地区北側、チャトラパティ・シヴァジー・ターミナス駅のそばに立つ行政庁舎。1893年に建てられた植民建築で、ドームをもつインド・サラセン様式の建物となっている。

綿花と鉄道の産業革命

イギリス産業革命は綿業の工業化からはじまり
蒸気機関による鉄道がその象徴とされた
産業革命は植民地インドと密接に関係しながら進行した

インドの綿

絹や毛織物と違って何度でも洗えて丈夫で安価な綿は、モヘンジョ・ダロからも出土するなど古くからインドの特産品となっていた。ヨーロッパ人がインドを訪れた16世紀以来、インドの主要交易品目として知られていたが、19世紀、アメリカで南北戦争が起こると、アメリカ産綿花に代わってインド綿の需要が世界的に高まった。インド綿（キャリコ）はイギリス市場を席巻したが、これに負けない綿製品を大量生産したいというイギリス側の意図から工業化が進み、イギリスで産業革命がはじまった。ムンバイにはデカン高原などで

INDIA
西インド

とれる綿花が集積され、工場が建てられるなどインド綿業発祥の地として知られる(インドの綿花をムンバイに集め、そこからイギリスのマンチェスターの工場で製品化、インドへ輸出した)。

インドの鉄道

ジョージ・スティーヴンソンの考案した蒸気機関車がはじめて走ったのは1825年のことで、1830年、工業都市マンチェスターとその外港リヴァプールのあいだで運輸目的の鉄道が開通した。鉄道には莫大な資金や科学の知識、技師などの複

Mumbai　綿花と鉄道の産業革命

▲左　CST 駅のなか、鉄路はインド内陸へと続いている。　▲右　デカン高原の綿花、インド・キャリコとして知られた

合的な条件が不可欠で、馬車や河川航路に代わる産業革命を象徴するものとなった。イギリス統治下のインドでは1840年代から鉄道敷設の計画があり、1853年にはムンバイとその北東34kmターナのあいだにアジア初の鉄道が敷設された（日本の開通は1872年）。そこからわずか50年ほどのあいだで網の目のように鉄道網が整備され、インドはロシア、中国とならんで世界有数の総延長をもつ鉄道大国となっている。この時代に敷設されたダージリン・ヒマラヤ鉄道、ニルギリ鉄道、カルカシムラ鉄道も世界遺産に指定されている。

INDIA
西インド

インドの富を運び出す

インドの鉄道網はデカン高原などの産地から、イギリスの植民都市として発展したムンバイ、コルカタ、チェンナイなどの港湾都市に向かって伸びている。デカン高原からムンバイへ綿花を運ぶ鉄道、ダージリンから茶の積み出しを行なう鉄道、パンジャーブの小麦を運ぶための鉄道。イギリスの事情によって敷設されたため、狭軌、標準軌、広軌といった線路幅の違うものが複雑に入り組んで走っている。この鉄道網を使ってインドの物資は港湾都市から世界中に運び出され、イギリスの工業製品が港湾からインド全域へ送られたことで、インドの富は搾取されることになった。

Guide, Indian Bombay
旧市街城市案内

INDIA
西インド

イギリス東インド会社の優遇策を受け
インド各地からこの街に集まってきた人々
住宅が密集してならぶインディアン・ボンベイ

インディアン・ボンベイ Indian Bombay ［★★☆］

フォート地区の北側に広がるインディアン・ボンベイは、17世紀以降、イギリスによるムンバイの拡大とともに移住してきたインド人の末裔が暮らす地域。フォート地区に商館を構えたイギリスは、イギリスとインドのあいだをとりもつ商人を集めるために優遇政策をとり、膨大な数のインド人が仕事と機会を求めて流入するようになった。現在もインディアン・ボンベイには集合住宅がところせましと林立し、グジャラート商人、パルシー（ゾロアスター教徒）、ジャイナ教徒、シンディー人、マラータ人など言語も宗教も異なる多様な人々

が共存している（出身地や宗教で住みわけられているという）。

コスモポリタン

ほとんど何もない場所に各地から移住してきた人々の手でつくられていったムンバイ。そのためこの街は当初からコスモポリタン的な性格をもち、家庭や仕事場など場面によって使う言語が違うという。おもに商業上で使われるグジャラート語、地元マハラシュトラ州の言葉マラータ語、北インドの人々が話すヒンディー語、パキスタンに編入されたシンド地方の

▲左 マハトマ・ジョーティバ・プレー市場。 ▲右 インド料理に欠かせない香辛料、市場にて

シンディー語、また国際言語として英語が話されている。なおムンバイで製作されるボリウッド映画ではヒンディー語が使われている。

マハトマ・ジョーティバ・プレー市場
Mahatma Jyotiba Phule Mandai [★☆☆]

地元のムンバイ人でにぎわうマハトマ・ジョーティバ・プレー市場。野菜や果物などの食料品、インド料理にかかせない香辛料、雑貨などがならぶ。クロフォード市場という名前でも通っている。

【MEMO】

【地図】インディアンボンベイ

【地図】インディアンボンベイの [★★★]
- [ ] チャトラパティ・シヴァジー・ターミナス駅（CST駅）
  Chhatrapati Shivaji Terminus

【地図】インディアンボンベイの [★★☆]
- [ ] インディアン・ボンベイ Indian Bombay
- [ ] ジャヴェリー・バザール Zaveri Bazar
- [ ] ムンバデーヴィー寺院 Mumba Devi Temple
- [ ] 行政庁舎 Municipal Building

【地図】インディアンボンベイの [★☆☆]
- [ ] マハトマ・ジョーティバ・プレー市場
  Mahatma Jyotiba Phule Mandai

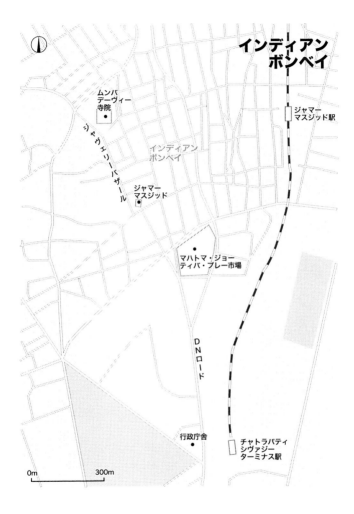

ジャヴェリー・バザール Zaveri Bazar ［★★☆］

オールド・ムンバイの中心に広がるジャヴェリー・バザール。ムンバイ屈指のにぎわいを見せるところで、通りの両脇にはレストラン、ホテル、宝石商などさまざまな店がならぶ。またジャマー・マスジッドやムンバデーヴィー寺院が位置し、巡礼に訪れる人々の姿もある。

▲左 ヒンドゥー教徒の信仰を集めるムンバデーヴィー寺院。　▲右 雑多な街並みを残すインディアン・ボンベイ

ムンバデーヴィー寺院 Mumba Devi Temple［★★☆］

ポルトガル人が訪れる16世紀以前からこの地で信仰されてきたムンバー女神がまつられたムンバデーヴィー寺院。コーリーと呼ばれる漁民たちの土俗神で、この女神がムンバイの地名となった。オールド・ムンバイの一角に位置するが、6世紀当時の寺院は、現在のるチャトラパティ・シヴァジー・ターミナス駅の近くにあったと伝えられる。

Guide, Malabar Hill
マラバーヒル城市案内

INDIA
西インド

半島先端部の西に位置するマラバー・ヒル
高級住宅街が広がるほか
ジャイナ教寺院、沈黙の塔などの宗教施設が残る

マリン・ドライブ Marin Drive [★★☆]

ムンバイ南端部の西側に広がるバック・ベイに沿って走るマリン・ドライブ（ネータージスバース道路）。アラビア海に面して、英領時代に建てられた高級住宅がならび、その景観の美しさから「女王のネックレス」と呼ばれる。マラバー・ヒル南側のチョウパティ・ビーチには美しい砂浜が広がり、ガネーシャ・フェスティバルではここにガネーシャ像が沈められる（イギリス植民地時代から民族運動の舞台にもなってきた）。

マラバー・ヒル Malabar Hill ［★★☆］

ムンバイ西南端に広がる丘陵マラバー・ヒル。ここはイギリス統治時代に開発された高級住宅街として知られ、企業の本社や各国領事館などが集まる（1860年代、ボンベイ知事エッフェルストンの邸宅が建てられたことにはじまるという）。マラバー・ヒルにはハンギング・ガーデン（空中庭園）やカムラ・ネルー公園といった市民の憩いの場が位置する。

ジャイナ教寺院 Jain Temple ［★★☆］

マラバー・ヒル先端部に立つジャイナ教寺院。西インドには

▲左 マラバー・ヒルにあるジャイナ教寺院。 ▲右 マリン・ドライブは人々の憩いの場となっている

ジャイナ教の伝統が強く残り、ムンバイはジャイナ教白衣派の人々が多く暮らす(非暴力を突きつめた教義から商人が多く、成功している人々も数多い)。ジャイナ教徒は毎朝沐浴し、素足で寺院に訪れるといった生活を送っている。

沈黙の塔 Dakhme [★★☆]

ゾロアスター教徒パルシーの鳥葬が行なわれる沈黙の塔(ダフメ)。ムンバイには世界最大のゾロアスター教コミュニティが存在し、イギリス統治時代から現在まで商人パルシーが活躍している(ムンバイには50近いゾロアスター教寺院があ

【MEMO】

【地図】マラバーヒル

【地図】マラバーヒルの [★★☆]

- [ ] マラバー・ヒル Malabar Hill
- [ ] ジャイナ教寺院 Jain Temple
- [ ] 沈黙の塔 Dakhme
- [ ] マニ・バワン Mani Bhavan

るという)。ゾロアスター教では森羅万象を神聖なものと見なし、それを汚さないため、死にあたって火葬や土葬ではなく、死体を放置して鳥に喰わすか、太陽によって風化を待つ

INDIA
西インド

といった方法がとられてきた。そういった様子を見えなくするため、塔をたて、鳥や直射日光に対して開かれるようになっている。異教徒は立ち入ることができない。

パルシー教徒

古代イランで生まれたゾロアスター教は、唯一神アフラ・マズダの存在、聖なる炎を神の象徴と見ること、天国と地獄といった二元論に基づく宗教観などが特徴で、古代ペルシャ帝国で国教とされていた。やがてイランが7世紀以後イスラム化するなかで、ゾロアスター教徒はその信仰を守るためペル

Mumbai　マラバーヒル城市案内

シャを離れ、936年、インド西海岸にたどり着いた。地元のマハラジャは、言葉や服装をグジャラートのものにするという条件をもとに居住を認め、やがてインド人からは「ペルシャから来たもの」を意味するパルシーと呼ばれ、カーストのひとつと見られるようになった。こうしてパルシーはムンバイを拠点にし、英語を覚え、通訳などでイギリス東インド会社のもとで商業にあたるなど活躍した。現在でもムンバイは世界最大のゾロアスター教徒のコミュニティがある。

INDIA
西インド

マニ・バワン Mani Bhavan ［★★☆］

「インド独立の父」マハトマ・ガンジーがムンバイ滞在時に常宿の場としていたマニ・バワン（珠玉館）。ガンジーはグジャラート地方に生まれ、ムンバイやアーメダバードなどを活動拠点としたことから、西インドにはガンジーゆかりの場所がいくつも残る。当時、ムンバイはインド紡績業の中心地だったところで、ガンジーはこの場所でインド綿を自らつむぎ、イギリス製品のボイコットを訴えた。マニ・バワンではガンジーが暮らしていた部屋が展示され、またその愛用品がならんでいる。

▲左　カムラ・ネルー公園からはムンバイが一望できる。　▲右　ガンジーはここで綿をはじめてつむいだ

ムンバイとガンジー

グジャラート地方に生まれたガンジーは、当時、西欧への窓口となっていたムンバイから航路イギリスへと留学し、弁護士の資格を得た。1891年、ムンバイに帰国して開業したものの、仕事がなく、1893年、アフリカに渡り、そこで非暴力による運動で成果をあげた。再び、インドへ帰国したガンジーは、イギリス産の綿製品のボイコット運動や塩の専売に抵抗する「塩の行進」「インドから立ち去れ運動」などを通じてインドを独立に導いた。ムンバイは西欧文明の影響を強く受けてインド人エリートが育ち、民族運動が盛んに行なわれた土地柄だった。

Guide,
Mumbai Central
セントラル
城市案内

マラバー・ヒル北に位置するマハーラクシュミー
ハッジ・アリー廟やドービー・ガート
ここではムンバイに暮らす人々の生活が見られる

ムンバイ・セントラル Mumbai Central ［★☆☆］

ムンバイ・セントラルは、ムンバイ市街の拡大とともに整備が進んだCBD（中心業務地区）で、古くから信仰を集める寺院と、中流層の台頭にともなって多くの人々を集めるショッピング・モールが見られる。ロウワー・パレル地区には、大型ショッピング・モールが集まり、ハイストリート・フェニックス、ワン・インディアブルズには高級ブランド、レストラン、映画館などが入居する。

INDIA
西インド

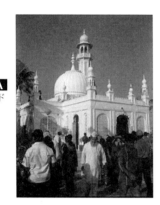

▲左　白でおおわれたハッジ・アリー廟。　▲右　マハー・ラクシュミー寺院のにぎわい

マハー・ラクシュミー寺院 Mahalakshmi Temple ［★★☆］

アラビア海に面して立つマハー・ラクシュミー寺院。ムンバイでももっとも歴史のある寺院とされ、寺院の名前がこのあたりの地名となっている。「富をもたらす」というラクシュミー女神（ヴィシュヌ神の配偶神）がまつられ、多くのヒンドゥー教徒が巡礼に訪れている。

ハッジ・アリー廟 Haji Ali Dargah ［★★☆］

アラビア海に浮かぶように立つハッジ・アリー廟。1431年に建てられた歴史をもち、メッカへの巡礼途上で生命を落と

【MEMO】

【地図】ムンバイセントラル

【地図】ムンバイセントラルの [★★☆]
- [ ] マハー・ラクシュミー寺院 Mahalakshmi Temple
- [ ] ハッジ・アリー廟 Haji Ali Dargah
- [ ] ドービー・ガート Dhobi Ghat

【地図】ムンバイセントラルの [★☆☆]
- [ ] ムンバイ・セントラル Mumbai Central
- [ ] ドクター・バウ・ダジ・ラッド博物館 Victoria and Albert Museum
- [ ] バイケラ Byculla

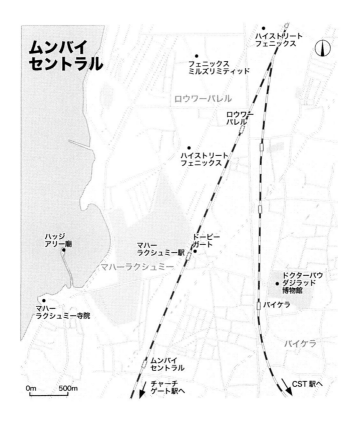

したイスラム聖者ハッジ・アリーがまつられている。引き潮のときだけ霊廟への道が現れ、半島と廟が結ばれる。

INDIA
西インド

ドービー・ガート Dhobi Ghat [★★☆]

「洗濯業カースト」ドービーが集まって洗濯を行なっているドービー・ガート。青空のもとタオルや衣服が干され、洗濯機ではなく、手でたたきつけながら洗うドービーの様子が見られる。マハラクシュミー駅近くに位置し、ここへ洗濯物を運びにくる人々の姿もある。

受け継がれる職業

インドに根強く残るカースト制度は、ポルトガル人によって「血」を意味するカスタから名づけられ、身分を意味するヴァ

▲左 ドービー・ガートの洗濯物。 ▲右 エレファンタ島の名前の由来となったゾウ、ドクター・バウ・ダジ・ラッド博物館にて

ルナと職業を意味するジャーティからなる。このカースト制の特徴は、内婚（所属する集団のなかで結婚する）と集団間に浄不浄の観念があるところだという。インドでは伝統的に職業（ジャーティ）は世襲され、たとえば「床をふく職業」と「机をふく職業」が異なるというように複雑なものとなっている。大工、金細工、床屋、鍛冶屋などインドには、2000〜3000ものジャーティがあるとされる。近年、都市部を中心にカーストの概念は薄れつつあるという。

INDIA
西インド

ドクター・バウ・ダジ・ラッド博物館
Victoria and Albert Museum [★☆☆]

ヴィクトリア公園のなかに立つドクター・バウ・ダジ・ラッド博物館(ヴィクトリア・アンド・アルバート博物館)。19世紀に建てられ、入口付近にはエレファンタ島の名前の由来になったゾウも見られる(ここに運ばれた)。展示室には「タージ・マハル」や「沈黙の塔」の模型や人形、また細密画などがならんでいる。博物館が立つ敷地内には動物園がある。

バイケラ Byculla ［★☆☆］

ムンバイ旧市街の北側に位置するバイケラは、この街の黎明期に綿工場が構えられたところ（鉄道で運ばれた綿花がここで綿製品になった）。19世紀末から20世紀にかけて、ムンバイに流入した多くのインド人がバイケラの工場で労働に従事し、中国向けの綿製品がつくられた。

飛躍する万華鏡都市

INDIA 西インド

洗練されたエンターテイメントから
路上に生きる人々まで
日々、進化を続ける巨大都市ムンバイの魅力

ガネーシャをまつる商都

象頭で太った身体とその4本の腕にはお菓子や数珠をもち、ねずみに乗るという親しみある姿をしているガネーシャ(ガナパティ)神。ムンバイでもっとも信仰されている商売の神様で、「障害をとりのぞく」といった性格をもつ。もともとは西インド一体で信仰されていた土俗神で、6世紀ごろから信仰を集め、やがてシヴァ神とパールヴァティー女神の子どもとしてヒンドゥー教にとり入れられた(2～3世紀ごろ西方から移住してきた人々が、インドに生息する象を見て象面をつくり出したという)。また「学問の神様」としても知られ、

Mumbai 飛躍する万華鏡都市

書物のはじまりに「ガナパトャタルヴァシールシャ(ガネーシャ神に帰命す)」と記されていることがしばしば見られる。

ムンバイ最大の祭り

ムンバイ最大の祭りとして知られるのがガネーシャ・チャトゥルティーの祭日で、ガネーシャ神の像をつくって街を練り歩き、バックベイに沈める。巨大なガネーシャ神の張りぼてがつくられ、派手な踊りや歌、行進を行なったのち来年の再会を約束する。この祭りはもともとイギリス植民地時代の1893年に指導者ティラクが、イスラム教徒のあいだで行な

INDIA
西インド

われていた祭りアーシュラー（宗教的な意味合いは薄れ、ムンバイのヒンドゥー教徒も参加していた）に着想を得てはじめられた。西インド一帯で家族神として信仰を集めていたガネーシャ神が注目され、祭りを通してヒンドゥー教徒が団結するようになったという歴史がある。

ボリウッド映画

年間1000本を超える映画製作が行なわれるインドは世界最大の映画大国で、その代表がムンバイを拠点にして製作するボリウッド映画。これはハリウッドとボンベイ（ムンバイの

Mumbai 飛躍する万華鏡都市

▲左 ゾロアスター教料理、バナナの皮が敷かれている。　▲右　ムンバイは世界を代表する映画の都

旧名）をかけて名づけられたもので、ヒンディー語による映画がつくられている。1896年、ムンバイのワトソンズ・ホテルでもっとも早く映画が上映されるなど、この街を中心に発展してきた。インド伝統の演劇を下地にしていることから、劇中では歌や踊りが繰り返され、愛や家族の絆、感動の物語が展開するエンターテイメントのほか、近年、ストーリー性の高い作品も製作されている。映画はインド最大の娯楽として知られ、ヒンディー語によるボリウッド映画のほか、タミル語、テルグ語などのものも上映されている。

Guide, Around Mumbai
郊外城市案内

世界有数の富裕層がしめる一方で
スラム街が広がる都市ムンバイ
かつての郊外も市街地化が進む

バンドラ Bandra [★☆☆]

バンドラはアラビア海へ続くマヒム湾の北側に広がるエリア。この街に滞在する外国人も多く居住するムンバイ屈指の高級住宅街で、鉄道駅をはさんでバンドラ・ウエストとバンドラ・イーストからなる。バーや高級レストランも集まり、マヒム湾に面して摩天楼を描く高層ビル群が眺望できる。現在のムンバイの発展がはじまる以前のポルトガル時代から植民がはじまったという歴史もあり、バンドラのマウントメアリー・バシリカ教会の起源は1570年にさかのぼる。

【地図】グレータームンバイ

【地図】グレータームンバイの [★★★]
- [ ] エレファンタ島 Elephanta
- [ ] インド門 Gateway of India

【地図】グレータームンバイの [★★☆]
- [ ] ハッジ・アリー廟 Haji Ali Dargah

【地図】グレータームンバイの [★☆☆]
- [ ] バンドラ Bandra
- [ ] イスクコン寺院 ISKCON Mumbai
- [ ] チャットラパティー・シヴァジー国際空港 Chatrapati Shivaji International Airport
- [ ] フィルム・シティ Film City
- [ ] カーンヘリー Kanheri
- [ ] ナヴィ・ムンバイ Navi Mumbai
- [ ] ジャワハルラル・ネルー港 Jawaharlal Nehru Port

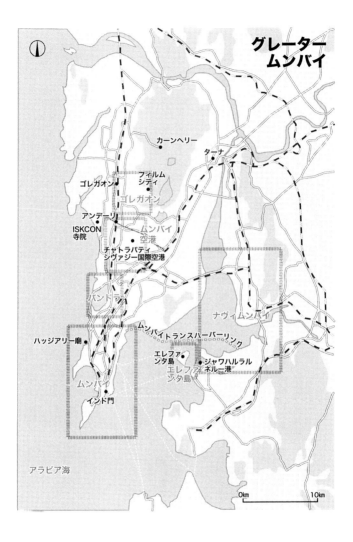

【地図】バンドラ

【地図】バンドラの [★★☆]
- [ ] シッディー・ビナヤク寺院 Siddhi Vinayak Temple

【地図】バンドラの [★☆☆]
- [ ] バンドラ Bandra
- [ ] チャイティヤ・ブーミ Chaitya Bhoomi

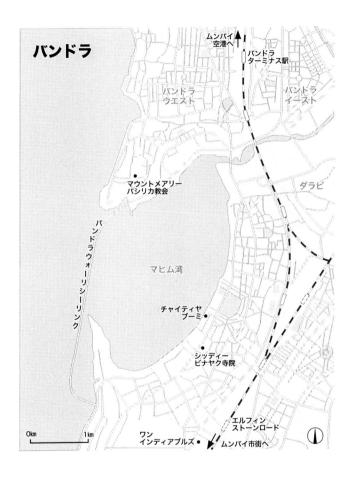

INDIA
西インド

スラムとそこに生きる人々

世界中から富が集まる一方、ムンバイには都市部に隣接してインド最大規模のスラムも位置する。ムンバイのスラムは、この街に流入してきた人々が、下水などが整備されていない不衛生な環境で集住することで形成された。こうしたスラムの様子は、映画『スラムドッグ＄ミリオネア』でも描かれた。

チャイティヤ・ブーミ Chaitya Bhoomi ［★☆☆］

インド憲法の起草者アンベードカルが荼毘にふされた場所に立つチャイティヤ・ブーミ。アンベードカルはマハールと呼

▲左　マヒム湾に面して位置するチャイティヤ・ブーミ。　▲右　ムンバイの通勤ラッシュ、無数の車が行き交う

ばれた不可触民の出身で、厳しい差別を受けながらも学問を続け、法務大臣となったことで知られる。このアンベードカルはヒンドゥー教徒から蔑視されていた人々とともに、1956年、仏教へ集団改宗した（アンベードカルがムンバイで暮らした家は仏教にゆかりある王舎城ラージャグリハと名づけられていた）。20世紀以後、新たに改宗した仏教徒は新仏教徒と言われ、チャイティヤ・ブーミはその活動拠点となっている。

シッディー・ビナヤク寺院 Siddhi Vinayak Temple[★★☆]

ムンバイ市街北のアラビア海にのぞむ場所に立つシッ

ディー・ビナヤク寺院。本堂にはガネーシャ神がまつられている。

イスクコン寺院 ISKCON Mumbai [★☆☆]

ムンバイ北郊外のジュフ・ビーチに面して立つイスクコン寺院。イスクコン教はヒンドゥー教をもとにした新興宗教で、クリシュナ神を最高神とする。赤砂岩製の門からなかに入ると、白大理石のシカラがいくつもそびえ、寺院のほか、ホール、巡礼宿などからなる複合施設となっている。1978年に建立された。

チャットラパティー・シヴァジー国際空港
Chatrapati Shivaji International Airport ［★☆☆］

チャットラパティー・シヴァジー国際空港（CSIA）はムンバイの空の玄関口で、市街部から北35kmに位置する。1942年に開港した歴史をもち、長らくサンタクルズ空港として親しまれてきたが、チャットラパティー・シヴァジー（17世紀のマハラシュトラの英雄）の名前に改名された。ムンバイの拡大にともなってこの空港を覆うように市街地化が進んでいる。

【地図】ムンバイ空港の [★☆☆]

☐ チャットラパティー・シヴァジー国際空港
Chatrapati Shivaji International Airport

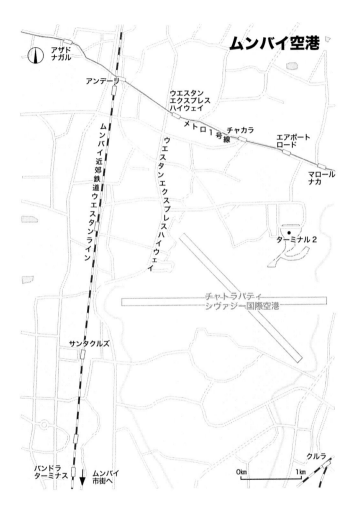

【地図】ゴレガオン

【地図】ゴレガオンの [★☆☆]
- [ ] フィルム・シティ Film City

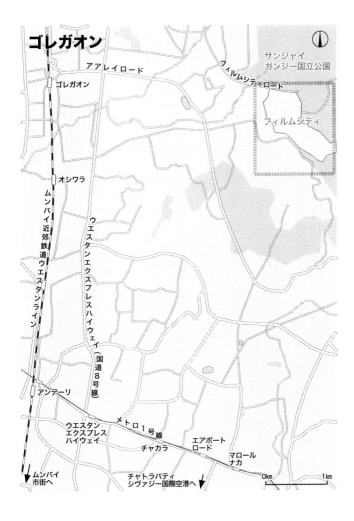

INDIA
西インド

フィルム・シティ Film City ［★☆☆］

ムンバイ北部のゴレガオン、サンジャイ・ガンジー国立公園の一角に位置するフィルム・シティ。インドを代表するボリウッド映画の撮影に対応できるよう、宮殿や寺院、室内セットなどいくつもの映画設備がそろい、ここでボリウッド映画が量産されている（また撮影方法や照明、編集などを教える学校もある）。ボリウッド映画の撮影が行なわれるスタジオ、セットのほか、コンベンション・センター、ボリウッド博物館、集落や自然公園も併設する。1977年、マハラシュトラ州によって設立された。

【MEMO】

【地図】フィルムシティ

【地図】フィルムシティの [★☆☆]

- [ ] フィルム・シティ Film City

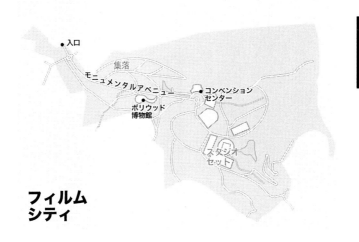

フィルムシティ

カーンヘリー Kanheri ［★☆☆］

ムンバイから北東40kmの国立公園に残るカーンヘリー石窟群。2〜9世紀の長期にかけて彫られ続け、109窟の仏教石窟がならぶ（グプタ朝以降のものが多い）。自然のままの洞窟を利用した小規模な僧院窟がほとんどだが、カーンヘリー第3窟はストゥーパが彫り出された祠堂（チャイティヤ）窟となっている。開削当時、西インドをおさめていたサータヴァーハナ朝のヤジュニャシュリー・シャータカルニの治世（174〜203年）の銘文が残っている。

Guide, Navi Mumbai
ナヴィムンバイ
城市案内

INDIA
西インド

ムンバイ市街の対岸に開発された新ムンバイ
近くには世界遺産に指定されている
エレファンタ島の石窟群も残る

エレファンタ島 Elephanta ［★★★］

ムンバイ東方10kmのムンバイ湾に浮かぶ小さなエレファンタ島。西の丘陵に5つ、東の丘陵に2つのあわせて7つのヒンドゥー石窟が残り、とくに第1窟のシヴァ神の彫像が知られる。碑文がないため正確な時代はわかっていないが、エローラにやや遅れて8〜9世紀ごろに開削されたと見られている。この島はもともとガーラプリー島と呼ばれていたが、巨大な象の石像が古い船着場にあったことから、16世紀に訪れたポルトガル人がエレファンタ島と呼んで今にいたる。この島の石窟群は世界遺産に指定されている。

エレファンタ島第1窟 Elephanta Cave1 ［★★★］

エレファンタ島の石窟でもっとも保存状態がよい第1窟。北側が入口となっていて、十字形プランをもつ石窟はエローラ第29窟との関係が指摘されている（エローラ29窟は8世紀前半のものでそれよりわずかに遅れると見られる）。縦横40mの広間に縦横6本の列柱がたち、とくにその奥には巨大な三面のシヴァ像が彫り出され、ヒンドゥー美術を代表する傑作として知られる。また西側にはリンガをまつる方形祠堂があるほか、壁面には踊るシヴァ神、両性具有のシヴァ神、象の魔神を退治するシヴァ神、パールヴァティー女神との結

【地図】エレファンタ島の [★★★]
- [ ] エレファンタ島 Elephanta
- [ ] エレファンタ島第1窟 Elephanta Cave1

【地図】エレファンタ島の [★☆☆]
- [ ] ジャワハルラル・ネルー港 Jawaharlal Nehru Port

【地図】エレファンタ島第1窟の [★★★]
- [ ] エレファンタ島第1窟 Elephanta Cave1

【地図】エレファンタ島第1窟の [★★☆]
- [ ] 三面のシヴァ胸像（トリムールティ象）Trimurti

エレファンタ島
第1窟

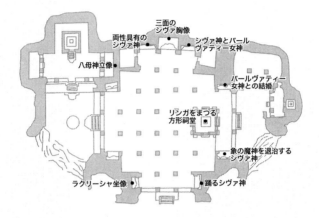

0m　10m

INDIA
西インド

婚などシヴァ神にまつわる彫刻が残っている。これらは4〜6世紀に黄金期を迎えたグプタ朝の流れを継承するポストグプタ期の美術となっている。

三面のシヴァ胸像（トリムールティ象）Trimurti [★★☆]
ヒンドゥー美術の傑作にあげられる第1窟の三面のシヴァ胸像。高さ5.5mの巨大な胸像で、正面にシヴァ神、左にバイラヴァ神、右にウマー女神がある（バイラヴァ神はシヴァ神の怒った姿、ウマー女神はシヴァ神の配偶神）。

▲左 エレファンタ島にはもうひとつのムンバイの顔がある。　▲右　巨大なシヴァ神の胸像、3つの顔をもつ

西インドの石窟群

インドに1200あると言われる石窟のなかでも、そのほとんどが西インドに集中している。とくにマハラシュトラ州は石窟の宝庫で、エローラ、アジャンタはじめ、ムンバイ近郊のエレファンタ島、カンヘリー、ムンバイの東南110kmに位置するカールリー、またその近くにあるバージャーなどが知られる。これは西インドが豊富な石材を出すことと、アラビア海を通じた交易の街道沿いに石窟寺院が寄進されたことがあげられる。

INDIA
西インド

ナヴィ・ムンバイ Navi Mumbai [★☆☆]

ムンバイの人口増や市街地の拡大にともなって1960年代から計画され、1970年代に開発が進められたナヴィ・ムンバイ。ムンバイ中心部から見て、ターネー小湾対岸の広大な敷地に住宅区が計画的に配置され、ムンバイとは双子都市の性格をもつ（ナヴィ・ムンバイとはマラータ語で「新しいムンバイ」を意味する）。ナヴィ・ムンバイはいくつかの街から構成され、高層ビルや大型ショッピング・モールが林立する。またムンバイ市街部にもっとも近いヴァシは市街部への通勤圏になっている。

【MEMO】

ナヴィムンバイ城市案内

【地図】ナヴィムンバイの [★☆☆]

- [ ] ナヴィ・ムンバイ Navi Mumbai
- [ ] ジャワハルラル・ネルー港 Jawaharlal Nehru Port

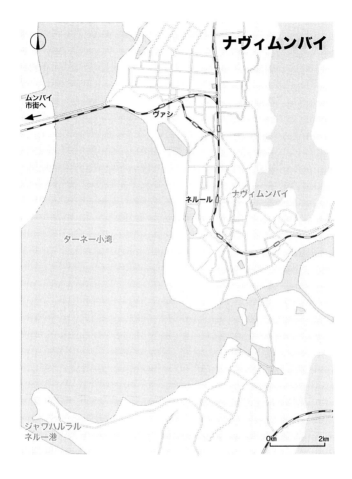

INDIA
西インド

ジャワハルラル・ネルー港 Jawaharlal Nehru Port [★☆☆]

インド最大の港で、北インドへ続く物流拠点となっているジャワハルラル・ネルー港(JNPT)。ムンバイ港が手狭になったこと、老朽化したことなどから、1989年、ムンバイ市街の対岸に新たに建設された（ナバ島、シェバ島につくられたことからナバシェバ港とも呼ばれる）。大型船が接岸できる充分な水深、規模をもつ。

城市の
うつり
かわり

INDIA
西インド

古く小さな漁村があるに過ぎなかったムンバイ
近代以降イギリスの植民都市として急成長をとげてきた
インド随一の大都市の歩み

ムンバイ歴史以前（〜16世紀）

16世紀にポルトガル人がムンバイを訪れるまで、ここには7つの島嶼が浮かび、ココヤシの茂るなか小さな漁村がたたずんでいるだけだった。この地で暮らす漁民はコーリーと呼ばれ、その土俗神であるムンバデーヴィー女神をまつる小さな寺院が立っていた。この女神がムンバイの地名となっていて、現在でも半島最南端のコラバ地区ではコーリーの営みが見られる（キリスト教に改宗している者も多いという）。

Mumbai　城市のうつりかわり

ポルトガル人の来航（16 〜 17 世紀）

西欧の大航海時代がはじまるなか、1498 年にインド航路を「発見」し、カリカットを訪れたヴァスコ・ダ・ガマを皮切りに、ポルトガルはインドへ進出した。ポルトガルの拠点はムンバイ南方のゴアにあったが、その補助港としてムンバイの地に注目した。1534 年、ここを支配していたグジャラートのスルタン、バハードゥル・シャーからポルトガルの王ホアス 3 世に移譲され、小さな要塞とキリスト教会を建てたことでムンバイの歴史がはじまった。　初代インド副王アルメイダは、ムンバイの港を「美しい湾（ボンバイア）」と名づけ、以後、

INDIA
西インド

ボンベイの名前が定着するようになった。

イギリス東インド会社へ（17〜19世紀）

1661年のポルトガル王の妹カテリーナとイギリス国王チャールズ2世の結婚にさいして、ムンバイは贈りものとしてポルトガルからイギリスへ譲渡された。1668年にはインドに進出していたイギリス東インド会社に年10ポンドで貸し出され、ムンバイはイギリスの拠点があったスーラト商館の管轄となった。その後、マラータ王国による侵入を受けたことなどから、1687年、イギリスの拠点はスーラトからム

▲左　ムンバイではグジャラート料理も味わえる。　▲右　ムンバイにはもともと小さな漁村があるだけだった

ンバイに移り、交易拠点としてムンバイの整備が進んだ。とくに東インド会社の優遇政策のため、スーラトなどで活躍していたグジャラート商人、パルシー、アルメニア商人などがムンバイに移住し、イギリスとインドのあいだの交易をになった。

ボンベイ管区（19〜20世紀初頭）

イギリス東インド会社が1818年、西インド全域を勢力においていたマラータ王国を破ると広大な領土がボンベイ管区に編入された（現在のマハラシュトラ州、グジャラート州をふ

INDIA
西インド

くむ)。やがて1850年代にはイギリスによる鉄道の敷設が進み、ムンバイはデカン高原などで収穫される綿花の積み出し港として発展を続けた。この時代、イギリスの商売をとりもちながら財産をたくわえていったタタなどの実業家が台頭する一方、ムンバイは西洋式の教育を受けたインド人による民族運動の中心地にもなった。

インド独立後（20世紀～）

1947年のインド独立にあたってムンバイはボンベイ州の一部を構成していたが、その後、言語州再編によって1960年、

▲左 砂浜が続くチョウパティ・ビーチ。　▲右 カフ・パレード地区(コラバ)の高層ビル群

マハラシュトラ州とグジャラート州が分割され、ムンバイはマハラシュトラ州の州都となった。ムンバイで富を手にするグジャラート商人、パルシー(ゾロアスター教徒)に対して、近年、港湾業務や工場労働などに従事しているマラータ人(マハラシュトラ州の大多数をしめる)による民族運動も目立っている。21世紀に入って飛躍的な成長を遂げるインドにあって、ムンバイは金融、財閥などが拠点を構えるインド随一の経済都市として日々進化を続けている。

参考文献

『世界の歴史 27 自立へ向かうアジア』(長崎暢子 / 中央公論社)
『都市の顔インドの旅』(坂田貞二・臼田雅之・内藤雅雄・高橋孝信 / 春秋社)
『インド建築案内』(神谷武夫 /TOTO 出版)
『アサー家と激動のインド近現代史』(森茂子 / 彩流社)
『ネイティブタウン (インド , ムンバイ) のコミュニティー構成に関する研究』(池尻隆史・安藤正雄・布野修司・山根周・片岡巌 / 日本建築学会計画系論文集)
『ネイティブタウンとチョール』(池尻隆史 / 建築雑誌)
『ナヴィ・ムンバイ商人の「ビジネス」の論理』(田口陽子 / くにたち人類学研究)
『「ボリウッド映画」を考える』(杉山圭以子 / 国際関係学研究)
『ムンバイの愛妻弁当配達人』(小谷洋司 / 日経マガジン)
『世界大百科事典』(平凡社)
[PDF] ムンバイ近郊鉄道路線図 http://machigotopub.com/pdf/mumbairailway.pdf
[PDF] ムンバイ空港案内 http://machigotopub.com/pdf/mumbaiairport.pdf

まちごとパブリッシングの旅行ガイド
Machigoto INDIA , Machigoto ASIA , Machigoto CHINA

【北インド - まちごとインド】

001 はじめての北インド
002 はじめてのデリー
003 オールド・デリー
004 ニュー・デリー
005 南デリー
012 アーグラ
013 ファテープル・シークリー
014 バラナシ
015 サールナート
022 カージュラホ
032 アムリトサル

【西インド - まちごとインド】

001 はじめてのラジャスタン
002 ジャイプル
003 ジョードプル
004 ジャイサルメール
005 ウダイプル
006 アジメール(プシュカル)
007 ビカネール
008 シェカワティ
011 はじめてのマハラシュトラ
012 ムンバイ
013 プネー
014 アウランガバード
015 エローラ
016 アジャンタ
021 はじめてのグジャラート
022 アーメダバード
023 ヴァドダラー(チャンパネール)
024 ブジ(カッチ地方)

【東インド - まちごとインド】

002 コルカタ
012 ブッダガヤ

【南インド - まちごとインド】

001 はじめてのタミルナードゥ
002 チェンナイ
003 カーンチプラム
004 マハーバリプラム
005 タンジャヴール
006 クンバコナムとカーヴェリー・デルタ
007 ティルチラパッリ
008 マドゥライ
009 ラーメシュワラム
010 カニャークマリ
021 はじめてのケーララ
022 ティルヴァナンタプラム
023 バックウォーター(コッラム~アラップーザ)
024 コーチ(コーチン)
025 トリシュール

【ネパール - まちごとアジア】

001 はじめてのカトマンズ
002 カトマンズ
003 スワヤンブナート

004 パタン
005 バクタプル
006 ポカラ
007 ルンビニ
008 チトワン国立公園

【バングラデシュ - まちごとアジア】

001 はじめてのバングラデシュ
002 ダッカ
003 バゲルハット（クルナ）
004 シュンドルボン
005 プティア
006 モハスタン（ボグラ）
007 パハルプール

【パキスタン - まちごとアジア】

002 フンザ
003 ギルギット（KKH）
004 ラホール
005 ハラッパ
006 ムルタン

【イラン - まちごとアジア】

001 はじめてのイラン
002 テヘラン
003 イスファハン
004 シーラーズ
005 ペルセポリス
006 パサルガダエ（ナグシェ・ロスタム）
007 ヤズド
008 チョガ・ザンビル（アフヴァーズ）
009 タブリーズ
010 アルダビール

【北京 - まちごとチャイナ】

001 はじめての北京
002 故宮（天安門広場）
003 胡同と旧皇城
004 天壇と旧崇文区
005 瑠璃廠と旧宣武区
006 王府井と市街東部
007 北京動物園と市街西部
008 頤和園と西山
009 盧溝橋と周口店
010 万里の長城と明十三陵

【天津 - まちごとチャイナ】

001 はじめての天津
002 天津市街
003 浜海新区と市街南部
004 薊県と清東陵

【上海 - まちごとチャイナ】

001 はじめての上海
002 浦東新区
003 外灘と南京東路
004 淮海路と市街西部
005 虹口と市街北部
006 上海郊外（龍華・七宝・松江・嘉定）
007 水郷地帯（朱家角・周荘・同里・甪直）

【河北省 - まちごとチャイナ】

001 はじめての河北省
002 石家荘
003 秦皇島
004 承徳
005 張家口
006 保定
007 邯鄲

【江蘇省 - まちごとチャイナ】

001 はじめての江蘇省
002 はじめての蘇州
003 蘇州旧城
004 蘇州郊外と開発区
005 無錫
006 揚州
007 鎮江
008 はじめての南京
009 南京旧城
010 南京紫金山と下関
011 雨花台と南京郊外・開発区
012 徐州

【浙江省 - まちごとチャイナ】

001 はじめての浙江省
002 はじめての杭州
003 西湖と山林杭州
004 杭州旧城と開発区
005 紹興
006 はじめての寧波
007 寧波旧城
008 寧波郊外と開発区
009 普陀山
010 天台山
011 温州

【福建省 - まちごとチャイナ】

001 はじめての福建省
002 はじめての福州
003 福州旧城
004 福州郊外と開発区
005 武夷山
006 泉州
007 厦門
008 客家土楼

【広東省 - まちごとチャイナ】

001 はじめての広東省
002 はじめての広州
003 広州古城
004 天河と広州郊外
005 深圳(深セン)
006 東莞
007 開平(江門)
008 韶関
009 はじめての潮汕
010 潮州
011 汕頭

【遼寧省 - まちごとチャイナ】

001 はじめての遼寧省
002 はじめての大連
003 大連市街
004 旅順
005 金州新区

006 はじめての瀋陽
007 瀋陽故宮と旧市街
008 瀋陽駅と市街地
009 北陵と瀋陽郊外
010 撫順

【重慶 - まちごとチャイナ】

001 はじめての重慶
002 重慶市街
003 三峡下り（重慶〜宜昌）
004 大足

【香港 - まちごとチャイナ】

001 はじめての香港
002 中環と香港島北岸
003 上環と香港島南岸
004 尖沙咀と九龍市街
005 九龍城と九龍郊外
006 新界
007 ランタオ島と島嶼部

【マカオ - まちごとチャイナ】

001 はじめてのマカオ
002 セナド広場とマカオ中心部
003 媽閣廟とマカオ半島南部
004 東望洋山とマカオ半島北部
005 新口岸とタイパ・コロアン

【Juo-Mujin（電子書籍のみ）】

Juo-Mujin 香港縦横無尽
Juo-Mujin 北京縦横無尽
Juo-Mujin 上海縦横無尽

【自力旅游中国 Tabisuru CHINA】

001 バスに揺られて「自力で長城」
002 バスに揺られて「自力で石家荘」
003 バスに揺られて「自力で承徳」
004 船に揺られて「自力で普陀山」
005 バスに揺られて「自力で天台山」
006 バスに揺られて「自力で秦皇島」
007 バスに揺られて「自力で張家口」
008 バスに揺られて「自力で邯鄲」
009 バスに揺られて「自力で保定」
010 バスに揺られて「自力で清東陵」
011 バスに揺られて「自力で潮州」
012 バスに揺られて「自力で汕頭」
013 バスに揺られて「自力で温州」

【車輪はつばさ】
南インドのアイラヴァテシュワラ寺院には建築本体に車輪がついていて寺院に乗った神さまが人びとの想いを運ぶと言います。

・本書はオンデマンド印刷で作成されています。
・本書の内容に関するご意見、お問い合わせは、発行元の
　まちごとパブリッシング info@machigotopub.com までお願いします。

まちごとインド
西インド012ムンバイ
～疾走する「コスモポリタン都市」［モノクロノートブック版］

2017年11月14日　発行

著　者	「アジア城市（まち）案内」制作委員会
発行者	赤松　耕次
発行所	まちごとパブリッシング株式会社
	〒181-0013　東京都三鷹市下連雀4-4-36
	URL http://www.machigotopub.com/
発売元	株式会社デジタルパブリッシングサービス
	〒162-0812　東京都新宿区西五軒町11-13
	清水ビル3F
印刷・製本	株式会社デジタルパブリッシングサービス
	URL http://www.d-pub.co.jp/

MP023

ISBN978-4-86143-157-9 C0326　　　　Printed in Japan
本書の無断複製複写（コピー）は、著作権法上での例外を除き、禁じられています。